「話す・聞く・書く」でアクティブラーニング！

書き出してまとめる、スピーチ

3・4年生

監修　水戸部修治　　絵　永井啓太

あかね書房

はじめに

ことばは、みなさんが成長《せいちょう》していくために
とても大切なものです。ことばにはどのよう
な役目《やくめ》があるでしょうか。

まず、自分の思いや考えをまとめる上でと
ても大切なものとなります。また、感《かん》じたり
思いえがいたりするなど、ことばによって目
に見えないものや今ここにないものをとらえ
ることもできます。そしてさまざまなことを
伝《つた》えたり、相手《あいて》の伝《つた》えたことをわかったりす
るためにも、ことばはなくてはなりません。

中学年の学習《がくしゅう》では、話し合ったり、考えを
説明《せつめい》したり、校外の方々とふれあったりする
学習《がくしゅう》がとても多くなってきます。また、自分
たちの目的《もくてき》に合わせてさまざまなことを調《しら》べ
る学習《がくしゅう》もふえてきます。ことばの力は、そう
したさまざまな体験《たいけん》や学習《がくしゅう》を通してのびて
いきますし、ことばの力をのばすことでより
よく学習《がくしゅう》することにもつながっていきます。

本書は、中学年のみなさんがことばの力を
使《つか》って学習《がくしゅう》を進《すす》めたり、学習《がくしゅう》のなかでことば
の力を高めたりするためのポイントや手順《てじゅん》を
わかりやすくまとめたものです。とりわけ、
学習《がくしゅう》の見通しをもって目的《もくてき》に向《む》かい、さまざ
まな人や物事《ものごと》と関《かか》わりながら深《ふか》く学んでい
く、アクティブラーニングを進《すす》めるためにも
役立《やくだ》つヒントがもりだくさんです。

本書をさまざまな学習場面《がくしゅうばめん》で活用し、こと
ばの力をさらに高めていただくことを願《ねが》って
います。

平成《へいせい》二十九年三月

文部科学省《もんぶかがくしょう》　教科調査官《きょうかちょうさかん》　水戸部修治《みとべしゅうじ》

もくじ

この本の見方

この本では、学校でじっさいにある、スピーチや話し合いの場面《ばめん》について、どのように自分のことばを話したり、友だちのことばを聞いたりすればいいかが学べます。

ぼくたちが案内《あんない》するよ

ナビ太

こんなことを思ったら読んでみて！

大木幸助《おおきこうすけ》
あかね小４年２組

クラスでこまっていることがあるから、みんなで話し合いたい！
よろしくね！
みんなに自分のこと知ってほしい！

山内真由《やまうちまゆ》
大木君《おおきくん》のクラスメイト

みんながどんなことを考えてるのか知りたい！
何かしつもんはありますかって言われても、何も言えない…
はじめまして！

宮田有一《みやたゆういち》
大木君《おおきくん》のクラスメイト

ディスカッション
調《しら》べたことをもとに、ディスカッションをしよう！
ディスカッションをして、クラスでかう生き物《もの》を決《き》めます。どんな生き物《もの》がいいか、それぞれが調《しら》べてから、話し合いをしました。
来週はクラスでかう生き物《もの》を決《き》めます
司会
書記
●世話《せわ》はしやすいか
●教室のなかでかえるか
カメはどうかな？調《しら》べてみよう！
ディスカッションのじゅんび①
議題《ぎだい》について調《しら》べる
まずはどんな生き物《もの》がいいか考えます。そしてクラスでかうのにふさわしいかどうか調《しら》べて、どんなところがみりょくで、どんな問題点《もんだいてん》があるか考えてみましょう。
生き物《もの》の生態《せいたい》はそれぞれちがうね。クラスでかうにはいろいろ注意《ちゅうい》が必要《ひつよう》だね
わたしは、おじいちゃんちでかっていたカメについて調《しら》べてみるよ
ぼくは、図かんでいろいろな生き物《もの》を調《しら》べて、一番合うやつにしよう
ぼくは、前からかってみたかったウサギについて調《しら》べようかな
国語
社会
特別活動
理科
24
28

この本では、「国語」「理科」「社会」「特別活動《とくべつかつどう》」の４科目が出てくるよ。関係《かんけい》のある科目には色がついているよ。

やることの流《なが》れ
1 議題《ぎだい》について調《しら》べる
2 自分の意見《いけん》をまとめる
3 ディスカッション本番
意見《いけん》を出し合う
ほかの人の意見《いけん》に対《たい》して意見《いけん》を言う
しつもんをする
話し合いをまとめる
決《き》まったことを全員《ぜんいん》でたしかめる
今回は、議題《ぎだい》について調《しら》べておくことが大切だよ
を来週までに調べましょう
ハムスターをかってみたいけど、世話がむずかしそう…
こん虫は教室でかいやすいんだね。こん虫のなかから選《えら》ぼうかな
すごい！
カメってだっぴするんだ！見てみたい！
ウサギは夜行性《やこうせい》だから、昼の間はたいていねているのか…。別《べつ》の生き物にしよう
理科のじゅぎょうでも習った、モンシロチョウをていあんしてみよう
かわいい！
カメはなれると、人の手からえさを食べることもあるんだ！
水かえの手間はあるみたいだけれど、メダカはどうかなあ？
25

そのテーマでは、どんなことをどんな順番《じゅんばん》でやるのか、はじめに流《なが》れをしょうかいしているよ。

ナビ太が、ポイントをかいせつしてくれるよ！ しっかり読《よ》んで役立《やくだ》てよう！

決《き》まったことを全員《ぜんいん》でたしかめる
話し合いの流《なが》れのなかで、みんながなっとくするか、多数決《たすうけつ》をするかして、結論《けつろん》を決めましょう。最後に司会《しかい》が決まったことを言い、全員でたしかめて、ディスカッションを終わりましょう。
多数決《たすうけつ》をしたときは、少数《しょうすう》だった意見《いけん》のなかに見落としたことがないか、気をつけるようにしよう
クラスでかう生き物は、「変態《へんたい》の観察《かんさつ》をしたい」という意見が多かったので、モンシロチョウに決まりました。よろしいですか？
はーい！！
司会
書記
もっとくわしく！
記録係《きろくがかり》のノート
ディスカッションで決まったことを、あとから直したり、決めたことが守《まも》られているかたしかめたりできるように、話し合いの流《なが》れや、決まったことを書いておきます。
ノートの書き方の例《れい》
9月8日
クラスディスカッション
クラスでかう生き物《もの》について
☆話し合いのポイント
●エサは手に入りやすいか
●世話はしやすいか
●教室のなかでかえるか
☆みんなの意見
●ザリガニ エサが手に入りやすい。近くの川でつかまえられる。
●メダカ 産卵《さんらん》が観察できる。世話しやすい。
●ウサギ かわいいから、みんな進《すす》んで世話をする。
→夜行性《やこうせい》だから、教室でかうのはむずかしい。
●モンシロチョウ エサが手に入りやすい。変態《へんたい》が観察《かんさつ》できる。
結論
クラスでかうのは、モンシロチョウ。理科で習った変態をじっさいに見られるのがいいという理由が多かった。
次回の議題
しいく当番について
意見《いけん》に対《たい》して、さらに出た意見を続《つづ》けて書く
話し合いのポイントになったことを書いておく
ディスカッションの結論《けつろん》と理由《りゆう》を書いておく
次回《じかい》のディスカッションに向けて、決まっていることを書く
29

結論《けつろん》を出すために、最終的《さいしゅうてき》な意見を出し合います。なぜそれがいいと思うのか、理由《りゆう》も言うようにしましょう。
これまでの意見《いけん》をふまえて、ふさわしいと思う生き物について、意見はありませんか
はい！教室でかいやすくて、変態《へんたい》も観察できるので、モンシロチョウがいいと思います
メダカがよかったけれど、ディスカッションを通して意見が変わったよ
司会
書記

大木君《おおきくん》たちのことばを読むと、そんな考え方もあるんだ！って発見《はっけん》があるかも！

テーマによっては、もっと深《ふか》めたり、くわしく知ったりするための、コラムがあるよ。

スピーチ

伝《つた》わることばを見つけて、じこしょうかいをしよう！

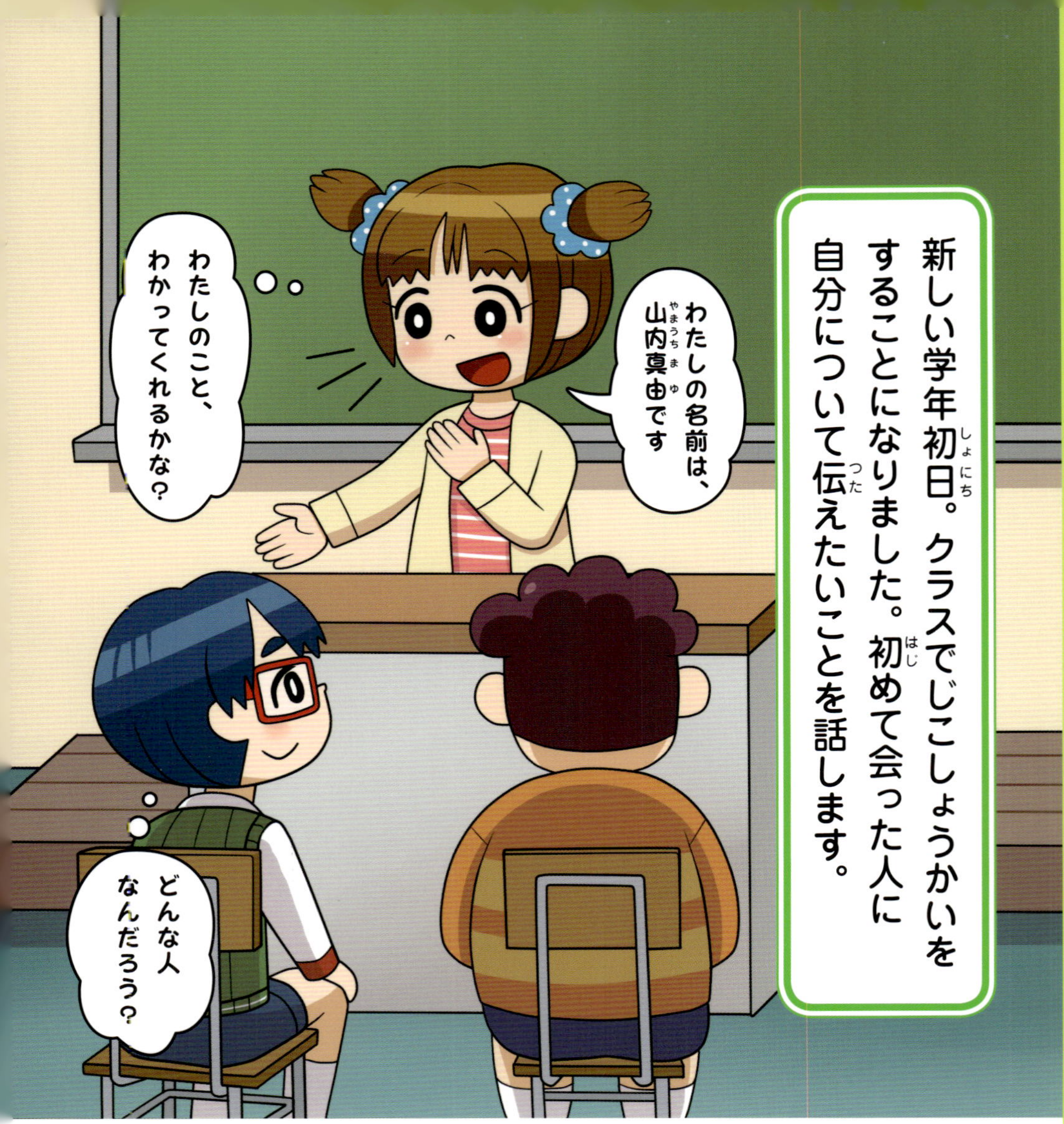

わたしの名前は、山内真由《やまうちまゆ》です
わたしのこと、わかってくれるかな？
どんな人なんだろう？

新しい学年初日《しょにち》。クラスでじこしょうかいをすることになりました。初《はじ》めて会った人に自分について伝《つた》えたいことを話します。

じこしょうかいのじゅんび①
伝《つた》えたいことリストをつくる

じこしょうかいでは、自分の名前や好《す》きなもの、得意《とくい》なことなど、聞き手に知ってほしいことを話します。どんなことでもいいので、まずは気軽《きがる》に、自由帳《じゆうちょう》に書き出してみましょう。

走るのは得意《とくい》じゃないけど、運動《うんどう》が好《す》きなのは伝《つた》えたいな

野球《やきゅう》が好《す》きってことしか思いつかないなあ…
どうして野球《やきゅう》を好《す》きになったのか、エピソードをリストに書いてもいいんだよ

国語
社会
特別活動
理科

やることの流《なが》れ

❶ 伝《つた》えたいことリストをつくる

↓

❷ 練習《れんしゅう》をする

↓

❸ じこしょうかい本番

自分のことでも、人に伝《つた》えるのはむずかしいよ。しっかりじゅんびしよう

月 火 水 木 金
1 国 数 社 図 社
2 社 道 国 図 数
3 体 理 家 国 家
4 数 国 体 数 体
5 理 社 数 道 国
6 音 理 音
なかよくなれるかなあ？

ぼくは、みんなによんでほしいあだ名を入れてみたよ！
伝えたいことリスト
●好《す》きなもの
ゲーム
給食《きゅうしょく》
●得意なこと
パソコン
●よんでほしいあだ名
こうちゃん

じこしょうかいのあとに、聞き手が声をかけやすくなるね！

●伝《つた》えたいことリスト

伝《つた》えたいことリスト

●好《す》きなもの

オムライス

ねこ

文ぼう具《ぐ》

→文ぼう具《ぐ》を、筆箱《ふでばこ》に入りきらないほど持《も》っている

●得意《とくい》なこと

ドッジボール

→きょ年の学年大会で、ゆう勝《しょう》した

→走るのはおそいけど、外野で活やくした

→今年もみんなでゆう勝《しょう》したい

じこしょうかいのじゅんび 2

練習《れんしゅう》をする

伝《つた》えたいことリストを見ながら、本当に教室で話しているつもりで、じこしょうかいの練習《れんしゅう》をします。

どのように話したらいいか不安《ふあん》なときは、話す文章《ぶんしょう》をすべて書いた「原こう」を用意《ようい》してもいいでしょう。原こうは、ペンを使《つか》って、大きめの字で書くと、見やすくなります。

じこしょうかいの練習《れんしゅう》は、スピーチやディスカッションで自分の意見《いけん》を言うときの練習《れんしゅう》にもなるよ

●じこしょうかいの練習《れんしゅう》

友だちや家族《かぞく》に聞いてもらう

もっとゆっくり話したほうが聞き取《と》りやすいと思うよ
ありがとう

じこしょうかいを聞いてもらって、感想《かんそう》やアドバイスをもらいましょう。

自分では気づかなかったことがわかります。アドバイスを参考《さんこう》にして、さらに練習《れんしゅう》をしましょう。

鏡《かがみ》を見ながら練習《れんしゅう》する

みんなの前で話すときは、表《ひょう》じょうも大切です。鏡《かがみ》を見ながら、明るい表《ひょう》じょうで話せているかたしかめてみましょう。また、身《み》ぶり手ぶりをつける練習《れんしゅう》をしてもいいでしょう。

にこーっ
もっとえがおのほうがいいかな…

じこしょうかい本番

本番では、次《つぎ》のことに気をつけましょう。

話し始《はじ》める前に、一度聞き手を見わたします。話している間は、目線を聞き手に向《む》けましょう。
きんちょうすると早口になるので、ゆっくり、聞き取《と》りやすい大きさの声で話すようにしましょう。
伝《つた》えたいことリストばかりを目で追《お》わないようにしましょう。
手や体を動《うご》かして、身《み》ぶり手ぶりをまじえると、聞き手の注《ちゅう》目《もく》が集《あつ》まります。

じこしょうかいを聞くときは、話し手がどんなことをしょうかいしてくれるかに注《ちゅう》意《い》して聞きます。

文ぼう具《ぐ》が好《す》きなんだね！ぼくはおもしろい形の消《け》しゴムを集《あつ》めているよ
ドッジボール大会でゆう勝《しょう》できるように、いっぱい練習《れんしゅう》しよう！
おもしろそう！今度《こんど》見せて！
うん！がんばろう！

じこしょうかいが終わったら、しつもんや思ったことを、伝《つた》え合ってみましょう。なかよくなるきっかけになりますね。

ディスカッション

クラスの問題《もんだい》について考え、よりよい話し合いをしよう！

クラスで起きている問題《もんだい》を解決《かいけつ》するために、ディスカッションをします。クラス全体《ぜんたい》で話し合うことで、考えを深《ふか》めます。

学級文庫《がっきゅうぶんこ》の本が、いつもぐちゃぐちゃになっています

ディスカッションのじゅんび①

議題《ぎだい》を出し合う

話し合うテーマのことを議題《ぎだい》といいます。学級《がっきゅう》会《かい》などでディスカッションの時間があったら、ふだんの生活のなかで、みんなで話し合って解決《かいけつ》する必要《ひつよう》のあることを自《じ》由《ゆう》に出し合ってみましょう。

クラスメイトがどんなことを問題《もんだい》だと考えているのかも、しっかり聞きます。

今回は、「どうすれば学級文庫《がっきゅうぶんこ》をいつもきれいに整理整《せいりせい》とんできるか」が議題《ぎだい》になったよ
議題ポスト
一週間前に議題《ぎだい》ポストを用意《ようい》して、意見《いけん》を集《あつ》めたんだ

国語　社会　特別活動　理科

やることの流《なが》れ

1. 議題《ぎだい》を出し合う
↓
2. 役《やく》わり分たんをする
↓
3. 自分の意見《いけん》をまとめる
↓
4. ディスカッション本番

問題《もんだい》を解決《かいけつ》するディスカッションの流《なが》れを見てみよう

ぼくも思ってた！
学級文庫《がっきゅうぶんこ》の本、読んだことないなあ

ディスカッションのじゅんび②

役《やく》わりを分たんする

ディスカッションを上手に進《すす》めるために、役《やく》わりを分たんしましょう。参加者《さんかしゃ》のなかから、司会《しかい》、書記、記録係《きろくがかり》の役《やく》を決《き》めましょう。

司会《しかい》

時間内に結論《けつろん》を出せるように、発言者《はつげんしゃ》を指《し》名《めい》して、意見《いけん》を聞き、ディスカッションをまとめていきます。

書記

意見《いけん》を黒板《こくばん》に整理《せいり》しながら書いて、参加《さんか》者《しゃ》にディスカッションの流《なが》れがわかるようにします。

記録係《きろくがかり》

ノートにディスカッションの流《なが》れを書きます。あとで見てもわかるように、内ようをまとめて書きましょう。

時間内に結論《けつろん》が出せるように、時間管理係《じかんかんりがかり》を決《き》めてもいいね

ディスカッションのじゅんび③

自分の意見《いけん》をまとめる

議題《ぎだい》について思ったことを自由《じゆう》に書き出す時間をとります。

すぐにはいい意見《いけん》が思いつかないなあ
こまったなあ…

だいじょうぶ! まず、心にうかんだことを書いてみて!
ルールはみんなで話し合いながら、考えていこう!

学級文庫《がっきゅうぶんこ》について
●読んだ人がちゃんとかたづける
●読んだらもとの場所《ばしょ》に置《お》くようにはり紙をする。
●かたづける係《かかり》を決《き》める
●整理《せいり》のしかたはならべるだけ?
→タイトルのあいうえお順《じゅん》など
書き出してみたら、学級文庫《がっきゅうぶんこ》の整理《せいり》のしかたも気になってきた!

ディスカッションでは、意見《いけん》を出し合うことが大切です。自分の考えをわかりやすく伝《つた》えるためには、どのように話せばいいか、考えてみましょう。

私《わたし》は～が(をすると)
いいと思います。
(なぜなら)～だからです。
意見《いけん》を言ったあと、理由《りゆう》をつけくわえると、とてもわかりやすいんだ

ぼくは「読んだらもどす」とはり紙をするといいと思います。なぜなら、はり紙が目に入ったら、「かたづけなきゃ!」とたいていの人が思うからです。

ぼくは、読んだ人だけではなく、みんながかたづけるルールを決《き》められるといいなと思いました。
パッとうかんだ感想《かんそう》だけど、書き出してみよう!

ディスカッション本番

ディスカッションをするときには、参加者《さんかしゃ》全員《ぜんいん》が顔を見ながら話ができるように、つくえを向《む》かい合わせにするとよいでしょう。司会《しかい》が、議題《ぎだい》をかんたんに説明《せつめい》してから、意見《いけん》をつのります。

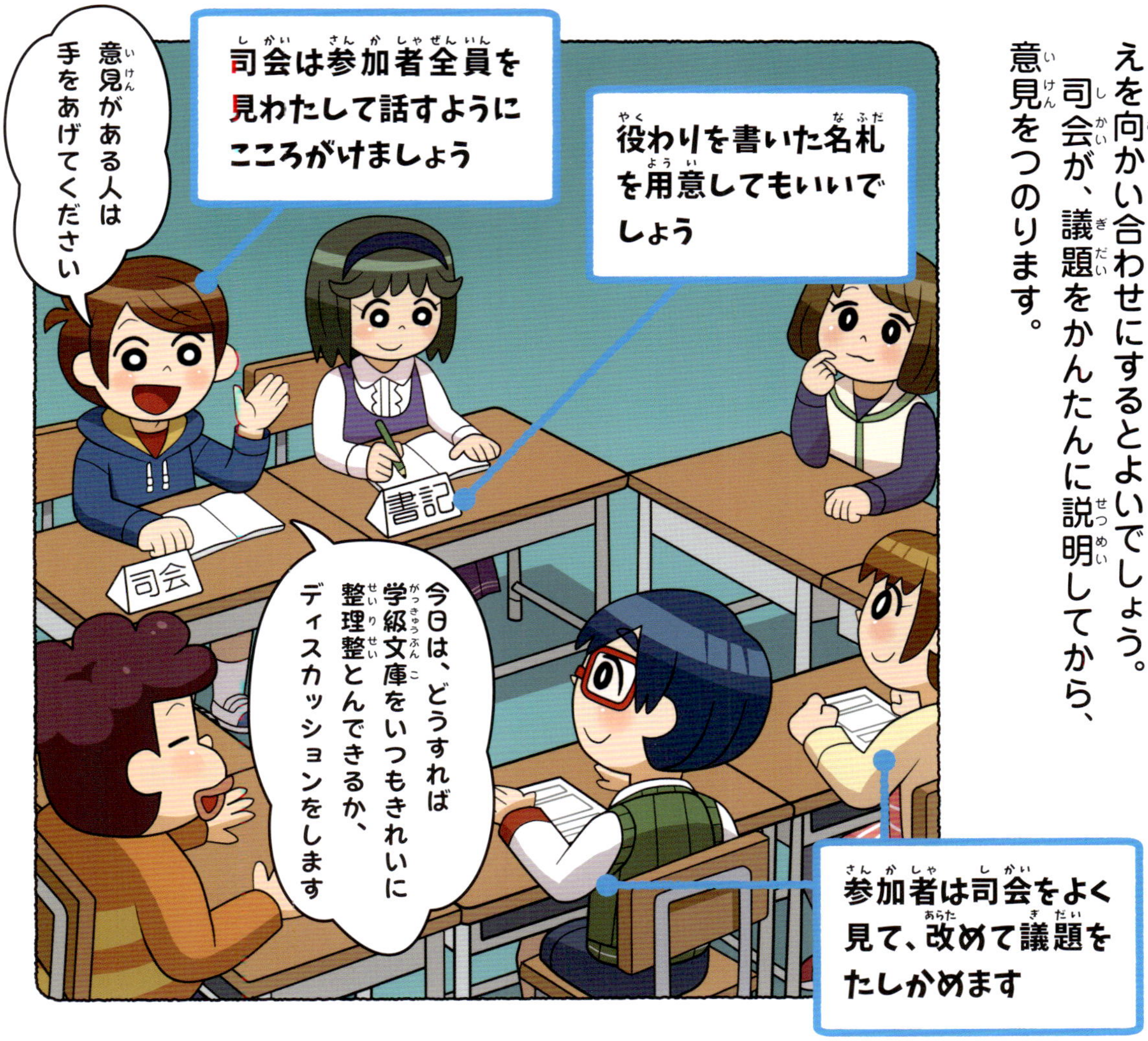
意見《いけん》がある人は手をあげてください
司会《しかい》は参加者《さんかしゃ》全員《ぜんいん》を見わたして話すようにこころがけましょう
役《やく》わりを書いた名札《なふだ》を用意《ようい》してもいいでしょう
書記
司会
今日は、どうすれば学級文庫《がっきゅうぶんこ》をいつもきれいに整理整《せいりせい》とんできるか、ディスカッションをします
参加者《さんかしゃ》は司会《しかい》をよく見て、改《あらた》めて議題《ぎだい》をたしかめます

意見《いけん》を言うときには、必《かなら》ず手をあげて、司会《しかい》に指名《しめい》されてから話し始《はじ》めます。勝手《かって》にしゃべったり、ほかの人の話をさえぎったりしないように気をつけましょう。

司会《しかい》は、名前をよび、発言者《はつげんしゃ》を指名《しめい》します
山本《やまもと》さんどうぞ
指名《しめい》されたら立ち上がって、参加者《さんかしゃ》を見わたして話します。
司会
書記
はい。わたしは、毎日日直がかたづけるといいと思います。なぜなら…
発言者《はつげんしゃ》をよく見て、意見《いけん》を聞きましょう

意見《いけん》が出ないとき、司会《しかい》は、クラスメイトを指名《しめい》して、「〇〇さんどうですか」などと聞いてみるのもいいよ

ディスカッションでは、自分の意見《いけん》を言うことだけでなく、人の意見《いけん》を聞いて考えを深《ふか》めるのも大切です。人の発言《はつげん》は、聞きながらメモをとるようにします。

ほかの人に先に同じ意見《いけん》を言われちゃったら、どうしよう…

「ぼくも○○さんと同じ意見《いけん》です」って、すなおに言ってみよう。意見《いけん》を言ってる人に相《あい》づちを打《う》つのもいいね

シートを書いてみたよ
メモは、短《みじか》い文でかじょう書きにしたよ

46ページのディスカッションシートをコピーして使《つか》おう！

ディスカッションシート

6月8日 名前 山内真由《やまうちまゆ》

議題《ぎだい》：学級文庫《がっきゅうぶんこ》の整理《せいり》について

自分の意見《いけん》

日直が毎日かたづける

みんなの意見《いけん》

山本《やまもと》さん　読んだ人がやる
大田君《おおたくん》　係《かかり》を決《き》める
わたしの意見《いけん》　何人かがうなずいてくれた
金井君《かないくん》　人まかせにしない
土屋《つちや》さん　学級文庫《がっきゅうぶんこ》を活用してみんなで整理《せいり》

みんなの意見《いけん》を聞いて考えたこと

当番や係《かかり》を決《き》めれば、いつでもきれいになると思います

読んだ人がきちんとかたづけるといいと思います

自分の意見《いけん》にどんな反《はん》のうがあったかも、書きましょう

当番《とうばん》以外《いがい》の人が人まかせにしてしまうので、みんなでできる方法《ほうほう》はないかなあと思います

みんながもっと学級文庫《がっきゅうぶんこ》を活用できるようになれば、人まかせにしないで、整理《せいり》できるようになるかもしれません

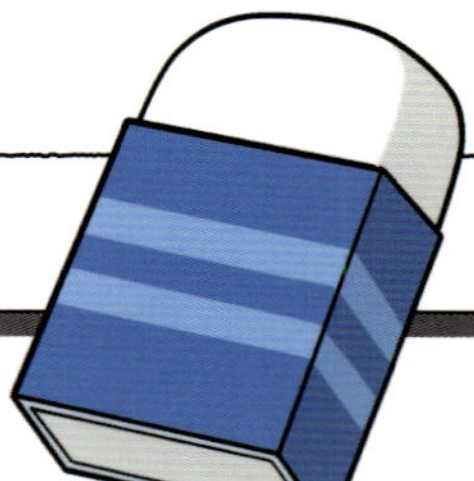

自分が意見《いけん》を言ったあとも、ほかの人の意見《いけん》を聞いて、さらに意見《いけん》が思いうかんだり、考えが変《か》わることもありますね。

土屋《つちや》さんの意見《いけん》がおもしろかったから…
ぼくの考えを合わせて…

学級文庫《がっきゅうぶんこ》の本をしょうかいする会を、週に1回開《ひら》いて、発表者《はっぴょうしゃ》が整理《せいり》してはどうでしょうか？
なるほど！そうすれば学級文庫《がっきゅうぶんこ》も活用できるね！

ディスカッションは自分の意見《いけん》を伝《つた》えるだけじゃないんだ
ほかの人の意見《いけん》を聞くことで、新しいアイデアがうかぶこともあるんだよ

クラスの意見《いけん》がすべて出たら、司会《しかい》は、これまでの意見《いけん》をかんたんにふり返《かえ》って読み上げましょう。

いくつかの意見《いけん》にわかれたままで議論《ぎろん》が終わってしまったときには、多数決《たすうけつ》をしてディスカッションをまとめます。

学級文庫《がっきゅうぶんこ》の整理《せいり》についてたくさんの意見《いけん》が出ました
多数決《たすうけつ》の結果《けっか》、月に一度《いちど》、本をしょうかいするスピーチのおもしろさできそいあう、「ビブリオバトル」をして、そのときに発表者《はっぴょうしゃ》がかたづけることになりました
司会
ビブリオバトル楽しみだなあ
自分の意見《いけん》そのままじゃないけど、なっとく！

インタビューをまとめて、発表《はっぴょう》スピーチをしよう！

グループでインタビューをして、内ようをまとめて発表《はっぴょう》します。発表《はっぴょう》をわかりやすくするために、資料《しりょう》を見せて工夫《くふう》します。

わたしたちは、駅前《えきまえ》の和菓子屋《わがしや》さんでインタビューをしました
おいしいおだんごのひみつを発表《はっぴょう》します

インタビューのじゅんび①

発表《はっぴょう》のテーマとインタビュー相手《あいて》を決《き》める

グループで「どんなテーマで発表《はっぴょう》するか」「テーマについて知るためにだれに話を聞いたらいいか」意見《いけん》を出し合いましょう。3～5人のグループで取《と》り組むといいでしょう。

ぼくは買《か》い物《もの》でよく行く、あかね商店街《しょうてんがい》について調《しら》べたいなあ。商店街《しょうてんがい》をささえる名物《めいぶつ》、何かないかな
みんなも商店街《しょうてんがい》はよく行くよね！
大人気！
駅前の和菓子屋《わがしや》さんはどう？おだんごがテレビで取《と》り上げられていたね

国語　社会　特別活動　理科

やることの流《なが》れ

1. 発表《はっぴょう》のテーマとインタビュー相手《あいて》を決《き》める
2. インタビューのお願《ねが》いをする
3. インタビューシートをつくる
4. インタビュー本番
5. 内ようをまとめる
6. 「はじめ・中・おわり」にまとめる
7. 原こうを書く
8. 資料《しりょう》を用意《ようい》する
9. 発表《はっぴょう》スピーチ本番

駅前《えきまえ》の和菓子屋《わがしや》さん、よく行くなあ
おだんごのひみつ!?気になる!

今回は、インタビューをしてから発表《はっぴょう》スピーチをするよ。流《なが》れを見てみよう

インタビューのじゅんび②
インタビューのお願《ねが》いをする

インタビュー相手《あいて》が決《き》まったら、電話や手紙などで連《れん》らくをとって、インタビューのお願《ねが》いをします。インタビュー相手《あいて》にとってめいわくにならないよう、連《れん》らくをする時間や、ことばづかいに気をつけて、次《つぎ》のことを伝《つた》えましょう。

わたしは、和菓子屋《わがしや》さんのお仕事《しごと》のやりがいを聞きたいな!

インタビュー相手《あいて》に伝《つた》えること

- 自分の名前と学校の名前
- インタビューの目的《もくてき》と聞きたいこと
- いつインタビューをしたいか（相手《あいて》の空いている日時）
- どのくらいの時間、インタビューをしたいか
- 写真《しゃしん》をさつえいしてもいいか

手紙の文や、電話で話すことばは、必《かなら》ず先生にたしかめてもらおう

インタビューのじゅんび③ インタビューシートをつくる

しつもんを出し合う

発表《はっぴょう》のテーマに合っているか考えながら、インタビュー相手《あいて》に聞きたいしつもんをグループで出し合いましょう。

どんな和菓子《わがし》があるかは、お店で見るとわかるから聞かなくていいね
やっぱり、名物《めいぶつ》のおだんごのことをたくさん聞きたい！
わたしのお母さんが小さなときからあるって聞いたよ。いつからあるんだろう
商店街《しょうてんがい》をささえるひみつがかくれているかも！

「調《しら》べたらわかること」ではなく「聞かないとわからないこと」を聞いてみよう

シートにまとめる

どのしつもんをどんな順番《じゅんばん》で聞くか考えて、インタビューシートをつくります。インタビューの答えを書きこめるようにしましょう。

インタビューシート

5月　日

- インタビュー相手：和菓子屋《わがしや》の木村《きむら》さん
- お店はいつからありますか?
- おだんごのおいしさのひみつは?
- お仕事《しごと》のやりがいを教えてください
- あかね小学校４年２組のみんなに伝《つた》えたいことはありますか?

シートのほかに、自由《じゆう》にメモをとれる紙も用意《ようい》しておこう！

インタビューの役《やく》わり分たんをする

本番前に、インタビューをする「インタビュアー」、インタビュー内ようをメモする「記録《きろく》係《がかり》」、写真《しゃしん》をとる「カメラ係《がかり》」を決《き》めておきます。

インタビュー本番

インタビュー相手《あいて》をほう問《もん》したら、まず、あいさつをします。

自分たちの名前とインタビューにやってきたということ、インタビューをする目的《もくてき》などを伝《つた》えましょう。

よろしくお願《ねが》いします
カメラ係《がかり》
インタビュアー
記録係《きろくがかり》
あかね小学校4年2組の大木《おおき》です。インタビューにうかがいました
社会の学習《がくしゅう》で「商店街《しょうてんがい》をささえる名物《めいぶつ》」について発表《はっぴょう》するので、教えてください
どうぞよろしくね
ええどうぞ

お店でお話を聞く場合《ばあい》は、ほかのお客《きゃく》さんのじゃまにならないようにしよう

インタビュアーは、シートを見ながら一つひとつはっきりとしつもんをしていきましょう。

インタビュー中に気がついたことや、しつもんしたいと思ったことは、シートに書いていないことでも、聞いてみましょう。

おだんごにはね、創業《そうぎょう》のときからのレシピでつくるたれを使《つか》っているよ
そうなんですか！そのたれを見せていただけますか？
ええ。いいですよ。こちらにありますから、どうぞ
たれの写真《しゃしん》をとってもいいですか？
これはインタビューしないとわからなかったことだ！しっかりメモしないと！
メモメモ

インタビューが終わったら、お礼《れい》を言おうね

発表《はっぴょう》スピーチのじゅんび①
内ようをまとめる

インタビュー内ようをまとめる

まずはインタビューで聞いたことを、一人ひとりが発表《はっぴょう》テーマにそってまとめて、リストにします。

伝《つた》えたいことリスト　山内真由《やまうちまゆ》

- 50年前からお店がある
- 昔《むかし》はとなり町にあった
- 一番人気はおだんご
- おだんごのたれは、50年前から同じレシピでつくっている
- おいしいとみんなに言ってもらえるのがやりがい
- あかね小のみんなは、いつも大きな声であいさつしていてえらい！ おだんごまた買いに来てね、とメッセージをもらった。

インタビューシートにメモしたことから、伝《つた》えたいことリストに書き出してみたよ

話し合って発表《はっぴょう》する内ようを決《き》める

それぞれに伝《つた》えたいことリストをまとめたら、全員《ぜんいん》で話し合って、そのなかからグループとして何を話すか決《き》めましょう。

人それぞれ、大切なこと、伝《つた》えたいと思うことはちがうから、意見《いけん》をまとめるのはむずかしいね
自分の意見《いけん》のおしつけ合いにならないよう気をつけて、伝《つた》え合おう！
たれのひみつはもちろんだけど、一日に売れる数を伝《つた》えたいな
うまっ
あかね小のみんなへのメッセージは最後《さいご》に言おう
そうだね。「たれのひみつをスクープ」って言ったら、みんなの注目《ちゅうもく》が集《あつ》まるかも

発表《はっぴょう》スピーチのじゅんび②

「はじめ・中・おわり」にまとめる

スピーチは、伝《つた》えたいことを「はじめ・中・おわり」にまとめると聞きやすくなります。「はじめ」では発表《はっぴょう》のテーマをかんたんにしょうかいします。「中」では伝《つた》えたいことをくわしく話します。「おわり」では、発《はっ》表《ぴょう》をふり返《かえ》ったり、一番伝《つた》えたいことを言ったりします。グループで話し合ってまとめてみましょう。

はじめ

- 和菓子屋《わがしや》さんでインタビューした
- 名物《めいぶつ》のおだんごのひみつをスクープ

中

- お店は創業《そうぎょう》五十年
- 店主《てんしゅ》のおじいさんの代《だい》から、おだんごをつくっている
- おいしさのひみつはたれ。五十年前から同じレシピ
- 一日に二百こも売れることも
- おいしいと言ってもらえるのがやりがい

おわり

- 四年二組のみんなへのメッセージ
- あいさつ

発表《はっぴょう》スピーチのじゅんび③

原こうを書く

「はじめ・中・おわり」にまとめたら、スピーチ原こうをつくります。グループのなかで、「はじめ・中・おわり」のどのパートをだれが発表《はっぴょう》するか決《き》めて、それぞれが自分のパートの原こうを書きます。原こうを書く人を一人決《き》めて、すべてを書いてから発表《はっぴょう》するパートを決《き》めてもいいでしょう。

原こうができたら、それぞれのパートを順番《じゅんばん》に読み、全員《ぜんいん》でたしかめます。

たれには、さとう、しょうゆ、みりんを使《つか》っているそうです
もう一つ材料《ざいりょう》があった気がするんだけど…
はちみつも使《つか》っているって言っていたよ

発表《はっぴょう》スピーチのじゅんび 4

資料《しりょう》を用意《ようい》する

発表《はっぴょう》スピーチでは、資料《しりょう》を使《つか》ってわかりやすく伝《つた》えることも大切です。今回はインタビューでとった写真《しゃしん》をプリンターで大きく出力して見せることになりました。

原こうを読みながら、資料《しりょう》を見せるタイミングを練習《れんしゅう》しましょう。

上手にとれた4まいの写真《しゃしん》を使《つか》うことにしたよ。どのように発表《はっぴょう》に取《と》り入れるか話し合おう

1 お店を外から見たところ

あかね堂
和菓子

2 たれの入ったつぼ

秘伝

3 インタビューをしているところ

和

4 おだんごにたれをぬっているところ

「はじめ」で、「おいしさのひみつはこのつぼです」ってみんなになぞかけしたら、おもしろそう！
「中」で1日につくる数を言うとき、4の写真《しゃしん》を見せよう！
みんなの知ってるお店だから、1の写真《しゃしん》もみんなに見せたいな
「おわり」でメッセージを伝《つた》えるときに、3を見せたらどうかな？

発表《はっぴょう》スピーチ本番

本番ではグループで決《き》めておいた、話すパートの順番《じゅんばん》にならびましょう。

グループ内で練習《れんしゅう》した通りに、声の大きさや話すスピードに気をつけて、発表《はっぴょう》しましょう。

わたしたちは、駅前《えきまえ》の和菓子屋《わがしや》さんでインタビューをしました
あのおいしいおだんごのひみつをスクープしました！
あかね堂
和菓子
秘伝
どんなひみつかな？

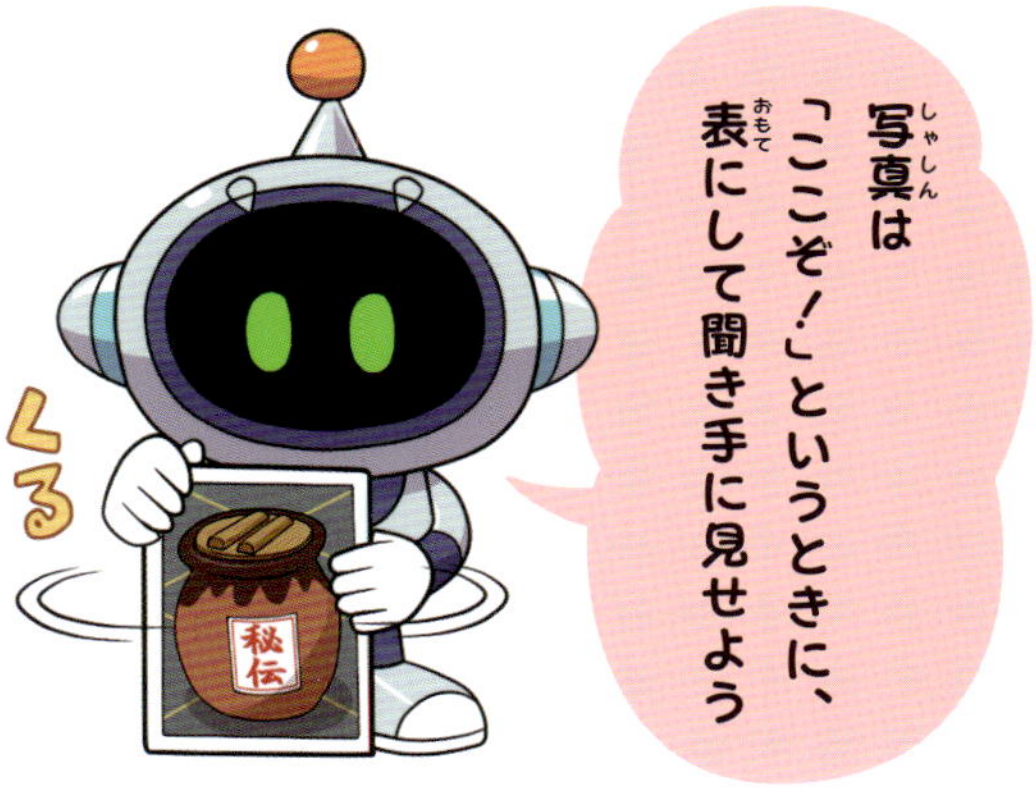
写真《しゃしん》は「ここぞ！」というときに、表《おもて》にして聞き手に見せよう
くる
秘伝

発表《はっぴょう》が終わったら、しつもんを受《う》けつけます。このときに、グループのなかで、しつもんに答える人や答える順番《じゅんばん》を決《き》めておくと、スムーズに進《すす》めることができます。

自分が答えられないしつもんを受《う》けたら、ほかのメンバーに助《たす》けてもらいましょう。

ははははは
たれの調味料《ちょうみりょう》の配合《はいごう》を知りたいです
たれのつくり方についてですね。残念《ざんねん》ながら、「ないしょ」と言われてしまいました

グループのほかのメンバーの答えで、まちがっているところや言い落《お》としていることがあれば、さらにつけ加《くわ》えよう

ディスカッション

調《しら》べたことをもとに、ディスカッションをしよう！

ディスカッションをして、クラスでかう生き物《もの》を決《き》めます。どんな生き物《もの》がいいか、それぞれが調《しら》べてから、話し合いをしました。
来週はクラスでかう生き物《もの》を決《き》めます
司会
書記
カメはどうかな？調《しら》べてみよう！

ディスカッションのじゅんび①

議題《ぎだい》について調《しら》べる

まずはどんな生き物《もの》がいいか考えます。そしてクラスでかうのにふさわしいかどうか調《しら》べて、どんなところがみりょくで、どんな問《もん》題点《だいてん》があるか考えてみましょう。

生き物《もの》の生態《せいたい》はそれぞれちがうね。クラスでかうにはいろいろ注意《ちゅうい》が必要《ひつよう》だね

わたしは、おじいちゃんちでかっていたカメについて調《しら》べてみるよ
ぼくは、図かんでいろいろな生き物《もの》を調《しら》べて、一番合うやつにしよう
生き物図かん
ぼくは、前からかってみたかったウサギについて調《しら》べようかな

国語　社会　特別活動　理科

やることの流《なが》れ

1 議題《ぎだい》について調《しら》べる

↓

2 自分の意見《いけん》をまとめる

↓

3 ディスカッション本番

意見《いけん》を出し合う

ほかの人の意見《いけん》に対《たい》して意見《いけん》を言う

しつもんをする

話し合いをまとめる

決《き》まったことを全員《ぜんいん》でたしかめる

今回は、議題《ぎだい》について調《しら》べておくことが大切だよ

●世話《せわ》はしやすいか
●教室のなかでかえるか
●えさは手に入りやすいか
を来週までに調《しら》べましょう
ハムスターをかってみたいけど、世話《せわ》がむずかしそう…

すごい!
カメのかい方
カメってだっぴするんだ! 見てみたい!
こん虫は教室でかいやすいんだね。こん虫のなかから選《えら》ぼうかな
ウサギは夜行性《やこうせい》だから、昼の間はたいていねているのか…。別《べつ》の生き物《もの》にしよう
ウサギのかい方
かわいい!
カメのかい方
カメはなれると、人の手からえさを食べることもあるんだ!
理科のじゅぎょうでも習《なら》った、モンシロチョウをていあんしてみよう
水かえの手間はあるみたいだけれど、メダカはどうかなあ?
生き物ずかん

ディスカッションのじゅんび②

自分の意見《いけん》をまとめる

調《しら》べたことをもとに、自分の意見《いけん》をまとめましょう。

自分が選《えら》んだ生き物《もの》について、どんないいところがあるかを考えてから、意見《いけん》を組み立ててみましょう。

みんなに、その生き物《もの》のよさを伝《つた》えられるようにまとめよう
わたしは○○がいいと思います。なぜなら～だからです。
意見《いけん》を言ってから理由《りゆう》、だね！

山本《やまもと》さんのまとめ

カメのよいところ

- 人になつくことがある
- だっぴする

↓

わたしはカメがいいと思います。なぜなら、きちんと世話《せわ》をするとなつくこともあるからです。だっぴもするので、かうととても勉強《べんきょう》になると思います。

意外《いがい》となつくって伝《つた》えたい！

宮田君《みやたくん》のまとめ

モンシロチョウのよいところ

- エサ(キャベツの葉《は》)が手に入りやすい
- 変態《へんたい》の様子《ようす》が見られる

↓

ぼくはモンシロチョウがいいと思います。なぜなら、エサのキャベツの葉《は》が手に入りやすく、理科で習《なら》った変態《へんたい》の様子《ようす》をじっさいに見ることができるからです。

春でなくても、育《そだ》てられるみたいだし

大木君《おおきくん》のまとめ

メダカのよいところ

- 産卵《さんらん》の観察《かんさつ》ができる
- 世話《せわ》がかんたん

↓

ぼくはメダカがいいと思います。なぜなら、何びきもかえば、産卵《さんらん》することがあり、それを観察《かんさつ》できるからです。世話《せわ》も水かえとえさやりだけでかんたんです。

世話《せわ》がどのくらい大変《たいへん》かも考えないと…

ディスカッション本番

意見《いけん》を出し合う

それぞれの意見《いけん》がまとまったら、ディスカッションを始《はじ》めましょう。まずは手をあげて、自分の意《い》見《けん》を発表《はっぴょう》しましょう。

話すときは、参加者《さんかしゃ》の顔を見ながら、きちんと伝《つた》わっているか、たしかめましょう。

ぼくはモンシロチョウがいいと思います
なぜなら、エサのキャベツの葉《は》が手に入りやすく…
虫はイヤだけど、チョウならいいかも！
たしかに、手に入りやすい

自分と同じ意見《いけん》が出たときは、うなずくと、発言者《はつげんしゃ》も話しやすくなるよ

ほかの人の意見《いけん》に対《たい》して意見《いけん》を言う

ぼくは、ウサギがいいと思います
ウサギはとても人気のある動物《どうぶつ》でかわいいので、みんな大切に世話《せわ》をすると思います
はいっ
ぼくもぜひウサギをかってみたいですが、ウサギは夜行性《やこうせい》なので、昼間の教室ではさわがしくてねむれないかもしれません

ほかの人の発言《はつげん》で気がついたことがあれば、発言者《はつげんしゃ》が話し終わったあとに、手をあげて意見《いけん》を言いましょう。

発言者《はつげんしゃ》の意見《いけん》に反対《はんたい》する意見《いけん》を言うときには、話し方やことばに気をつけましょう。

相手《あいて》の立場に立って、いやな気分にならないように話そう

しつもんをする

ほかの人の意見《いけん》を聞いて、もっと知りたいなと思ったことは、しつもんをしてみましょう。

しつもんをするときは、話をさえぎらずに、意見《いけん》を聞き終わってからたずねます。

…だっぴもするので、かうと勉強《べんきょう》になると思います
カメはどのようになつくんですか？
エサをあげるときに、近づいて来たりするそうです
ありがとうございます
そうなんだ

しつもんに答えてもらったら、お礼《れい》を言おう

話し合いをまとめる

結論《けつろん》を出すために、最終的《さいしゅうてき》な意見《いけん》を出し合います。なぜそれがいいと思うのか、理由《りゆう》も言うようにしましょう。

これまでの意見《いけん》をふまえて、ふさわしいと思う生き物《もの》について、意見《いけん》はありませんか
司会
書記
はい！教室でかいやすくて、変態《へんたい》も観察《かんさつ》できるので、モンシロチョウがいいと思います

メダカがよかったけれど、ディスカッションを通して意見《いけん》が変《か》わったよ

決《き》まったことを全員《ぜんいん》でたしかめる

話し合いの流《なが》れのなかで、みんながなっとくするか、多数決《たすうけつ》をするかして、結論《けつろん》を決《き》めましょう。最後《さいご》に司会《しかい》が決《き》まったことを言い、全員《ぜんいん》でたしかめて、ディスカッションを終わりましょう。

クラスでかう生き物《もの》は、「変態《へんたい》の観察《かんさつ》をしたい」という意見《いけん》が多かったので、
モンシロチョウに決《き》まりました。よろしいですか？
書記
はーい!!

多数決《たすうけつ》をしたときは、少数《しょうすう》だった意見《いけん》のなかに見落《みお》としたことがないか、気をつけるようにしよう

もっとくわしく！

記録係《きろくがかり》のノート

ディスカッションで決《き》まったことを、あとから直したり、決《き》めたことが守《まも》られているかたしかめたりできるように、話し合いの流《なが》れや、決《き》まったことを書いておきます。

●ノートの書き方の例《れい》

9月8日
クラスディスカッション
クラスでかう生き物《もの》について

☆話し合いのポイント
- エサは手に入りやすいか
- 世話《せわ》はしやすいか
- 教室のなかでかえるか

☆みんなの意見《いけん》
- ザリガニ
  エサが手に入りやすい。
  近くの川でつかまえられる。
- メダカ
  産卵《さんらん》が観察《かんさつ》できる。
  世話《せわ》しやすい。
- ウサギ
  かわいいから、みんな進《すす》んで世話《せわ》をする。
  →夜行性《やこうせい》だから、教室でかうのはむずかしい。
- モンシロチョウ
  エサが手に入りやすい。
  変態《へんたい》が観察《かんさつ》できる。

結論《けつろん》
クラスでかうのは、モンシロチョウ。理科で習《なら》った変態《へんたい》をじっさいに見られるのがいいという理由《りゆう》が多かった。

次回《じかい》の議題《ぎだい》
しいく当番について

- 意見《いけん》に対《たい》して、さらに出た意見《いけん》を続《つづ》けて書く
- 話し合いのポイントになったことを書いておく
- ディスカッションの結論《けつろん》と理由《りゆう》を書いておく
- 次回《じかい》のディスカッションに向《む》けて、決《き》まっていることを書く

スピーチ

自分のゆめを伝《つた》え、よい聞き手にもなろう！

「しょうらいのゆめ」をテーマに、1分間でスピーチをします。あこがれているところや、めざしたきっかけなどを伝《つた》えます。
ぼくのしょうらいのゆめはゲームクリエーターです
どんなスピーチをするのか、わかりやすいなあ

スピーチのじゅんび 1 伝《つた》えたいことを書き出す

テーマにそって、伝《つた》えたいことを書き出します。思いついたことを次《つぎ》つぎとつなげるマップという方法《ほうほう》を試《ため》してみてもいいでしょう。

さっそくやってみたよ。連想《れんそう》ゲームみたいにどんどん書けた！

マップの書き方

1 紙の中央《ちゅうおう》にゆめを書く。

2 ゆめから思いついたことを、線をのばして書く。

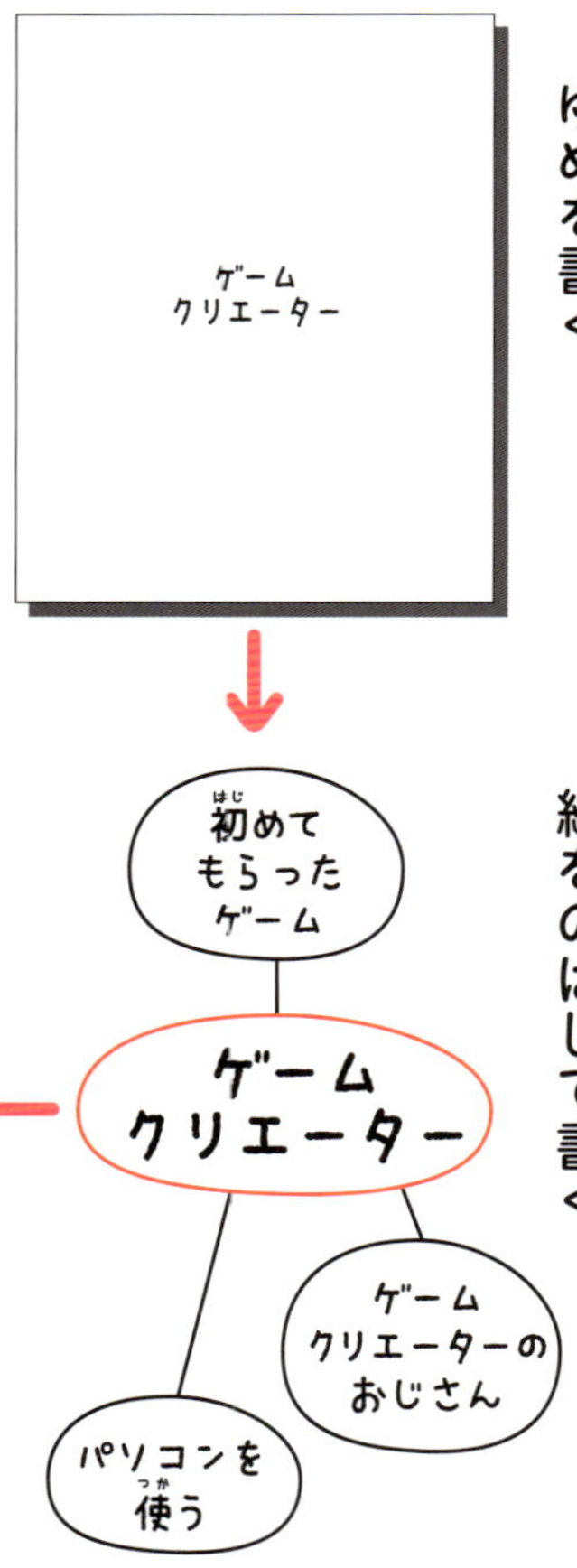

ゲームクリエーター
初《はじ》めてもらったゲーム
ゲームクリエーター
ゲームクリエーターのおじさん
パソコンを使《つか》う

国語　社会　理科　特別活動

やることの流《なが》れ

1. 伝《つた》えたいことを書き出す
↓
2. 「はじめ・中・おわり」にまとめる
↓
3. 原こうをつくる
↓
4. スピーチ本番

今日は、ぼくがゲームクリエーターをめざす理由《りゆう》と、そのために今がんばっていることを話します
ゲームクリエーターってなんだろう?
なんとなく思っていたことも、書き出してみるとはっきりするんだ

ぼくはリストで書いてみたよ

夢：弁護士《べんごし》
- テレビドラマを見て、あこがれた。
- 人を助《たす》ける仕事《しごと》がしたい。
- 調《しら》べ物が得意《とくい》だから、自分に合ってると思う。

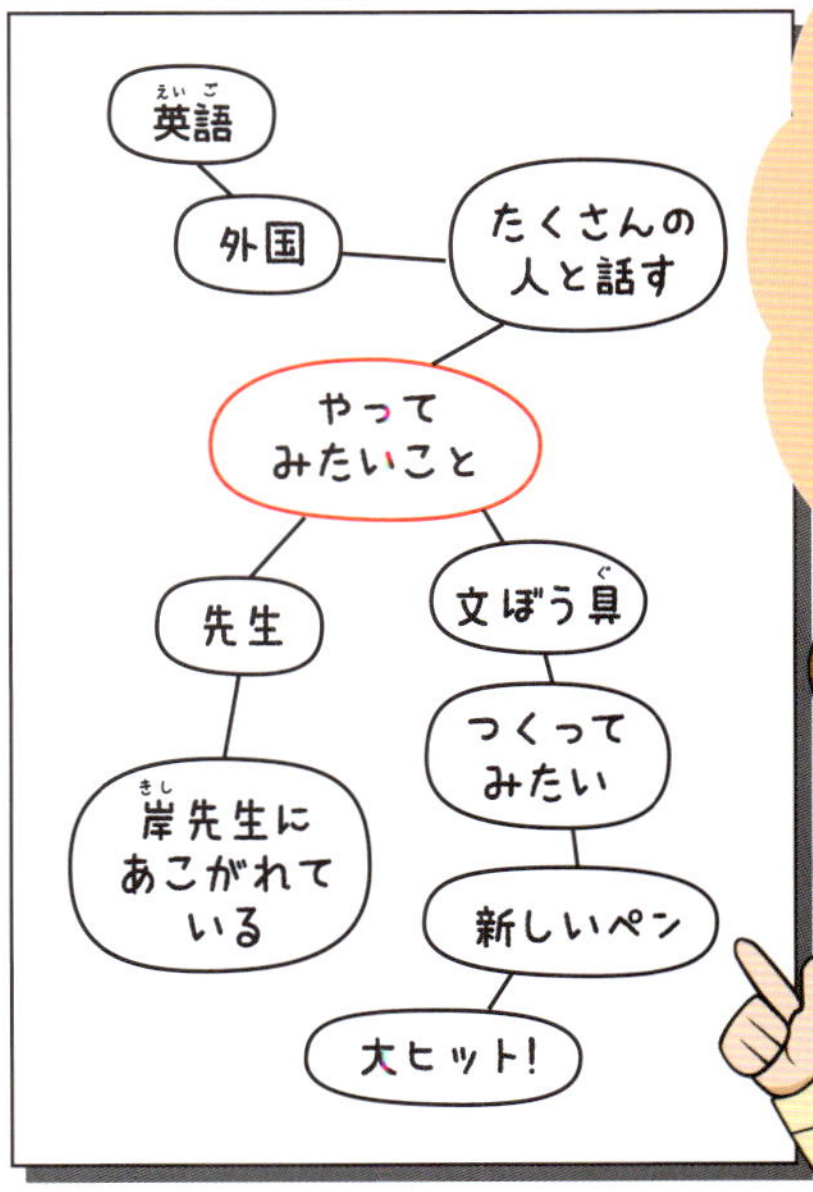
やってみたいこと
たくさんの人と話す
外国
英語《えいご》
先生
岸《きし》先生にあこがれている
文ぼう具《ぐ》
つくってみたい
新しいペン
大ヒット!

わたしはまだゆめを決《き》めてないから、やってみたいことをマップにしてみたよ

3 さらに思いついたことを、線をのばして書いていく。

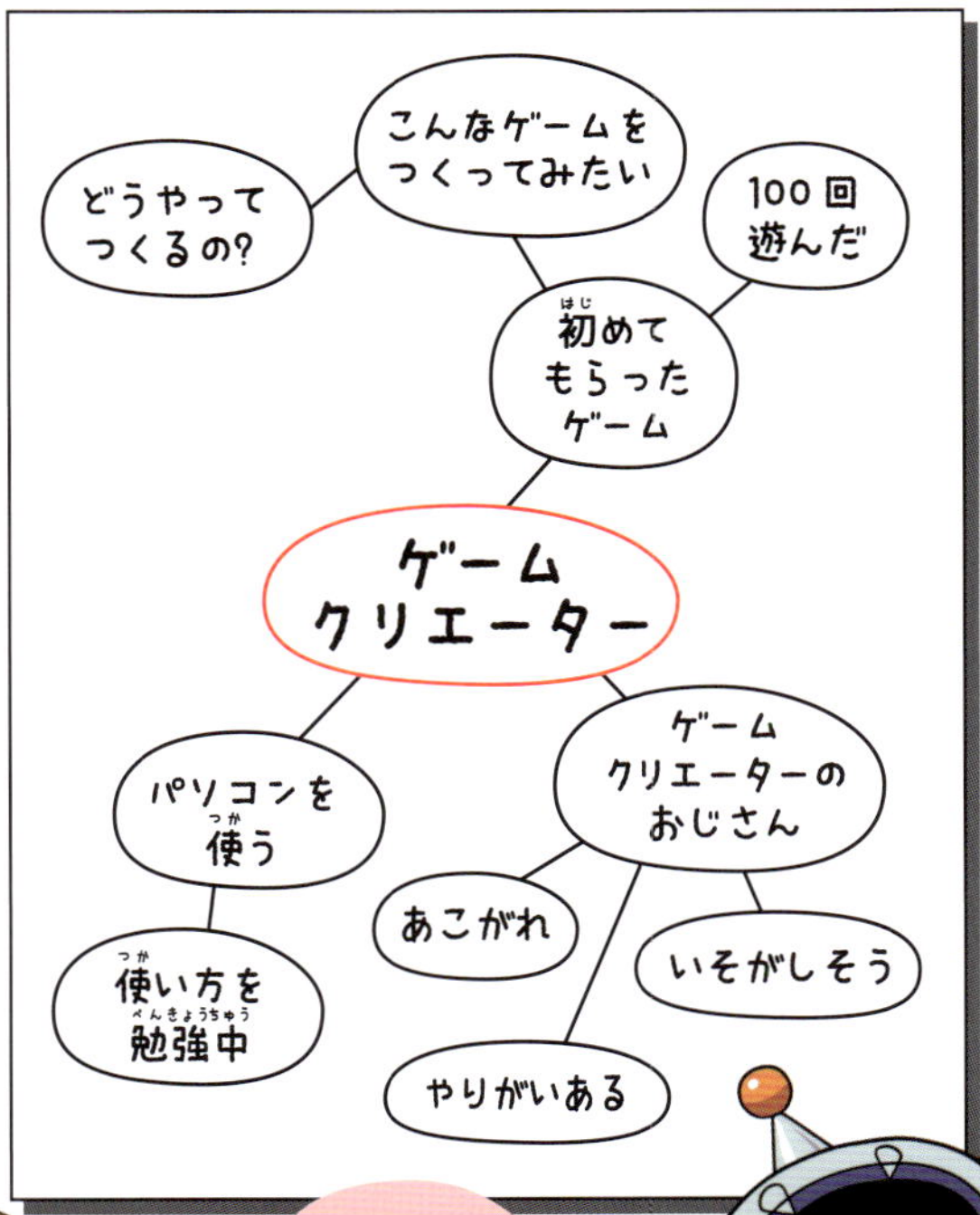
ゲームクリエーター
初《はじ》めてもらったゲーム
こんなゲームをつくってみたい
どうやってつくるの?
100回遊んだ
パソコンを使《つか》う
使《つか》い方を勉強中《べんきょうちゅう》
ゲームクリエーターのおじさん
あこがれ
いそがしそう
やりがいある

単語《たんご》や文章《ぶんしょう》、うかぶことばを、なんでももりこもう

スピーチのじゅんび②
「はじめ・中・おわり」にまとめる

マップで書き出したことを、スピーチで話したい順番《じゅんばん》にならべ、「はじめ・中・おわり」にまとめましょう。

マップに書き出したことを、すべてもりこむのではなく、伝《つた》えたいことを選《えら》び出して、まとめてみよう

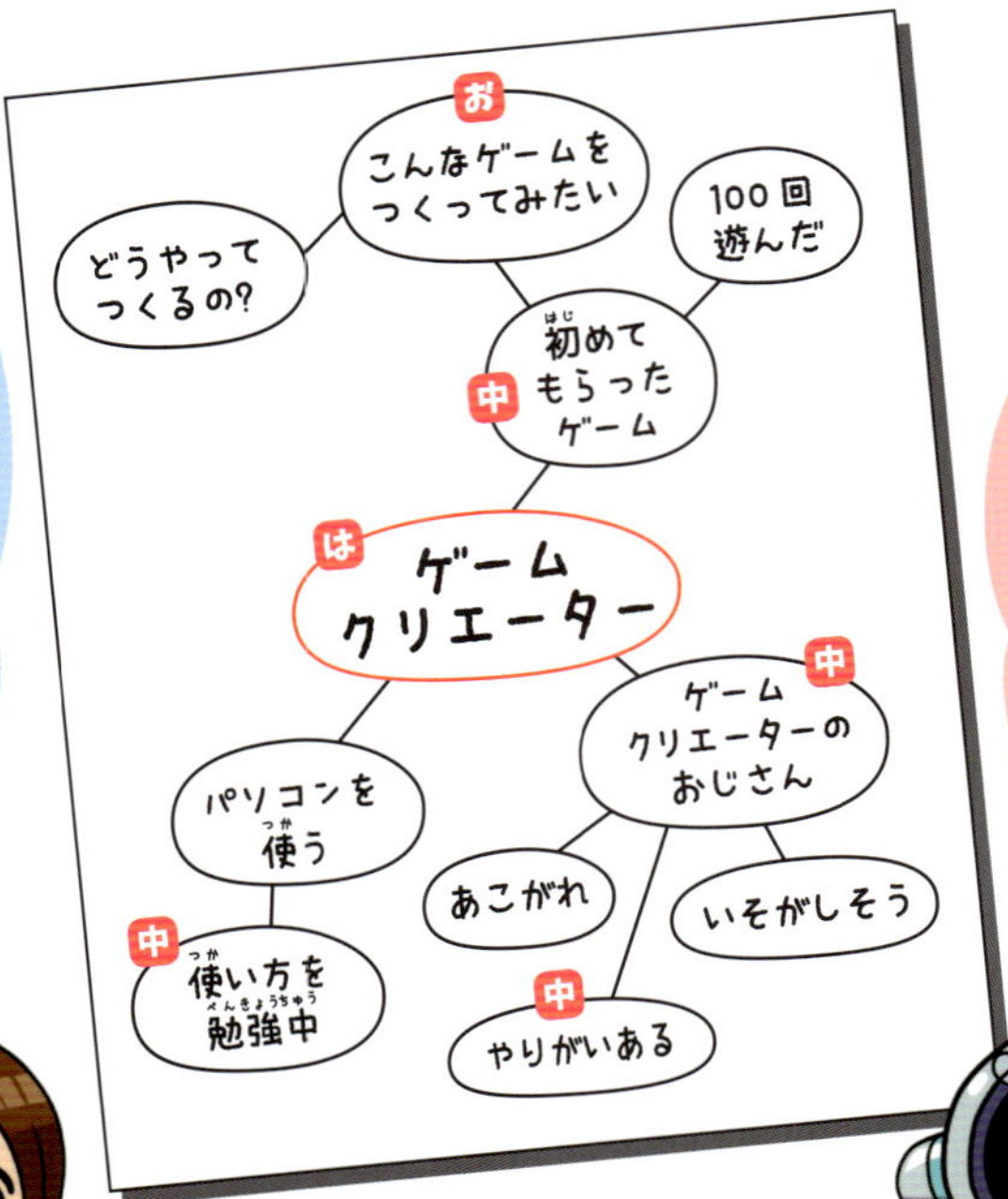

お
こんなゲームをつくってみたい
どうやってつくるの?
100回遊んだ
中
初《はじ》めてもらったゲーム
は
ゲームクリエーター
中
ゲームクリエーターのおじさん
パソコンを使《つか》う
中
使《つか》い方を勉強《べんきょう》中
あこがれ
いそがしそう
中
やりがいある

「はじめ」には、「中」に中、「おわり」にのマークをつけて、「はじめ・中・おわり」にまとめたよ

はじめ	中	おわり
あいさつをしたり、どんなことを話すのかかんたんにまとめたりする。	具体的《ぐたいてき》な例《れい》を挙《あ》げたり、じっさいにあったことを話したりして、伝《つた》えたいことを説明《せつめい》する。	スピーチ全体《ぜんたい》をふり返《かえ》ったり、伝《つた》えたいことをもう一度《いちど》言ったりする。
1 ゆめはゲームクリエーター。 2 「めざす理由《りゆう》と、今やっていることをしょうかいする」と前おきする。	3 おじさんがくれたゲームがきっかけでゲーム好《ず》きになった。 4 おじさんから、仕事《しごと》のやりがいを聞いた。 5 今はパソコンの使《つか》い方を習《なら》っている。	6 初《はじ》めてもらったゲームのような、おもしろいゲームをつくりたい。

番号《ばんごう》ごとにとなりのページの原こうを見てみよう！

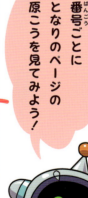

スピーチのじゅんび③

原こうをつくる

「はじめ・中・おわり」にまとめたら、じっさいにどんなことばで話すのか、原こうを書いてみましょう。

ことばの流《なが》れや「てにをは」に気をつけて書きます。声に出して、話しやすい文章《ぶんしょう》になっているかたしかめてみてもいいでしょう。

1分間のスピーチは、原こう用紙1まい分くらいだよ
「はじめ」「中」「おわり」ごとに段落《だんらく》をわけると、読みやすいよ
タイトルと名前で2行使《つか》って、ぴったり1まい！

ゲームクリエーターがどんな仕事《しごと》かわからない人のために、説明《せつめい》を入れたよ

原こう

はじめ　中　おわり

しょうらいのゆめ

大木《おおき》　幸助《こうすけ》

❶ぼくのしょうらいのゆめはゲームクリエーターです。❷今日は、ぼくがゲームクリエーターをめざした理由《りゆう》と、そのために今がんばっていることを話します。ゲームクリエーターとは、ゲームのソフトをつくる仕事《しごと》です。

❸ぼくがゲームを好《す》きになったきっかけは、ゲームクリエーターのおじさんにもらった、「ゴースト王国」というゲームです。夜おそくまでむちゅうで遊《あそ》んで、お母さんにおこられたこともあります。

❹あるとき、おじさんに「ゴースト王国」の開発《かいはつ》について聞きました。大変《たいへん》だけどやりがいがあったと聞いて、ぼくはゲームクリエーターになりたいと思うようになりました。❺今は、パソコンの使《つか》い方をおじさんに習《なら》って、勉強《べんきょう》しています。

❻いつか「ゴースト王国」のようなゲームをつくるゲームクリエーターになりたいです。

お母さんにおこられたエピソードに、聞き手が思わずわらってくれたら、スピーチ成功《せいこう》だね！

スピーチ本番

スピーチをするとき

本番では、じこしょうかいのときと同じように、声の大きさや話すスピード、目線に気をつけて、身《み》ぶり手ぶりをまじえながら話しましょう。

スピーチが終わったら、しつもんタイムをとります。

あせらずに、一度《いちど》しつもんをくり返《かえ》してから、ゆっくりと答えよう

パソコンの勉強《べんきょう》って、どんなことをしているんですか？
パソコンの勉強《べんきょう》についてですね。文字の打《う》ち方などをおじから習《なら》っています
PC

スピーチを聞くとき

しょうらいのゆめはたくさんありますが、岸先生《きしせんせい》にあこがれているので、小学校の先生にもなりたいです
岸先生《きしせんせい》のどんなところにあこがれているのかな？あとで聞いてみよう！

スピーチを聞くときは、話し手がどんな話をしているのか、どんなことを伝《つた》えたいのか、くみ取《と》るように心がけます。

「もっとくわしく聞きたい」「何かしつもんをしてみよう」という気持《きも》ちでいると、大切なことを聞き落《お》とさずに、しっかりとスピーチに集中《しゅうちゅう》することができます。

しつもんをするとき

話し手のスピーチが終わったら、さっそくしつもんをしてみましょう。もっと知りたいと思ったこと、聞いているときによくわからなかったことをたずねます。

しつもんのほかに、自分が思いついたことを伝《つた》えてもよいでしょう。

もっと知りたいこと
岸先生《きしせんせい》にあこがれる理由《りゆう》を教えてください
先生は学校中の人気者《にんきもの》だからです
わたしも山本さんのように、なりたいものがたくさんあるので、気持《きも》ちがよくわかります
自分が思ったこと

スピーチのふり返《かえ》り

最後《さいご》に、自分たちのスピーチをふり返《かえ》ってみましょう。

原こうを書いたから、つっかえないで、スムーズに話せたよ！
ぼくはしつもんをしたり、それに答えたりするのって、むずかしいいんだなあって思ったよ
わたしと同じように、なりたいものがたくさんある人がいるってわかって、よかった
ふり返《かえ》りをすることで、次回《じかい》はもっといいスピーチができるね

「よいしつもん」をするために

さらに、聞き手と話し手のやりとりもふり返《かえ》ってみましょう。

ほかの人がしつもんしたことによって、スピーチの内ようが、もっとわかりやすくなったと感《かん》じたことはありませんか？ そのしつもんのどんなところがよかったのでしょうか、次回《じかい》にそなえて考えてみましょう。

へえ～
やりがいのほかに、大変《たいへん》なところについては、聞きましたか？
いそがしいと、てつやが続《つづ》くこともあるそうです

ほかには何が好《す》きですか？
そうです
ええと、好《す》きなゲームですか？

また、もっと聞き方を変《か》えたほうがいいと思ったしつもんはありませんでしたか？ どんなことばを使《つか》ったら、もっとわかりやすくしつもんできたでしょうか。

人に伝《つた》わりやすいことばの組み立てを考えることは、ふだんの会話にも役《やく》に立ちます。

話し手が、わからなくて聞き返《かえ》してしまったから、「ほかに好《す》きなゲームはありますか？」と聞けたらよかったね

やってみよう！

職業《しょくぎょう》について調《しら》べよう！

この章《しょう》では、ゆめについてスピーチしました。ゲームクリエーター、パティシエ、宇宙《うちゅう》飛行士《ひこうし》、保育士《ほいくし》……。それぞれにあこがれの職業《しょくぎょう》がありますね。

じっさいにその職業《しょくぎょう》では、どんな仕事《しごと》をしているのでしょうか。どうすれば、なれるのでしょうか。人に伝《つた》えることをきっかけに、身近《みぢか》な人にたずねてみたり、本を読んでくわしく調《しら》べてみたりしましょう。

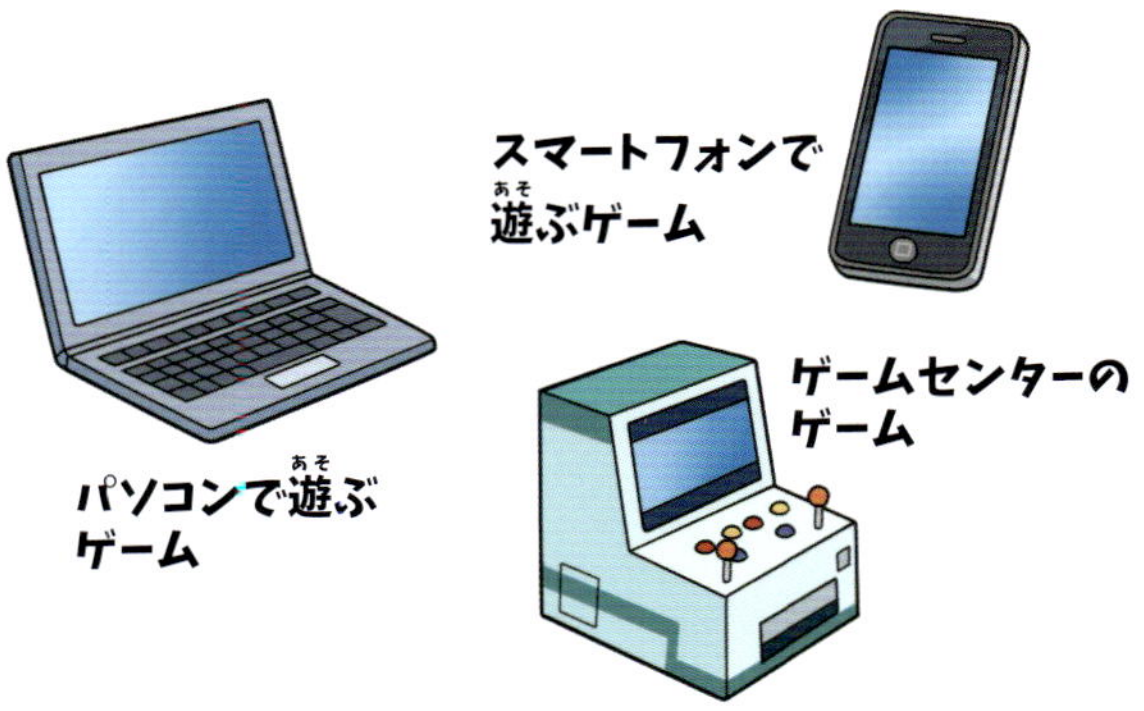
スマートフォンで遊《あそ》ぶゲーム
パソコンで遊《あそ》ぶゲーム
ゲームセンターのゲーム

ゲームのソフトをつくる人のことが、くわしく書いてある本、見つけた！
仕事の図かん
6

弁護士《べんごし》になるなら、勉強《べんきょう》することがたくさんあるんだ…
弁護士入門

なりたい職業《しょくぎょう》がまだ見つかっていない場合は、仕事《しごと》についてしょうかいしている図かんなどの本や、資料《しりょう》を見て、調《しら》べましょう。

世《よ》の中には、数え切れないほどたくさんの職業《しょくぎょう》や、働《はたら》き方があることにきっと気がつくはずです。

わたしはまだ、なりたい職業《しょくぎょう》が決《き》まってないけど…
文ぼう具《ぐ》メーカーで働《はたら》くお仕事《しごと》のページを見つけたよ
こだわりの文具

発《はっ》表《ぴょう》

テーマについて調《しら》べて、レポートにまとめよう！

防《ぼう》災《さい》についてディスカッションをして、もっと知りたいと思ったことをテーマに、レポートを書きます。

レポートづくり①
レポートのテーマを決《き》める

防《ぼう》災《さい》について話し合い、どんな問《もん》題《だい》点《てん》があるか出してみましょう。話し合いを通して、自分のレポートのテーマを見つけます。

地震《じしん》のひなん訓練《くんれん》で、どんなぎもんを持《も》ったか話し合ったよ
今日は教室からのひなんだったけれど、別《べつ》の場《ば》所《しょ》だったら、どうやってひなんすればいいのかな？
通学路《つうがくろ》とか…

国語
社会
特別活動
理科

やることの流《なが》れ

1. レポートのテーマを決《き》める

↓

2. テーマについて調《しら》べる

↓

3. 「はじめ・中・おわり」にまとめる

↓

4. 文章《ぶんしょう》にまとめる

↓

5. 友だちと読み合う

理科室
ぐらぐら
テーマやできあがったレポートについて話し合って、考えを深《ふか》め合うよ

そうだね。地震《じしん》が起きるのは、教室にいるときだけじゃないよね
わたしは、理科室や体育館《たいいくかん》とか、学校のほかの場所《ばしょ》でのひなんのしかたを知りたいなあ
山本
最近《さいきん》は、ゲリラ豪雨《ごうう》もふえているから、地震以外《じしんいがい》の災害《さいがい》のときのひなんのしかたを調《しら》べたいな
ザー
みんなで話し合うことで、いろいろな問題点《もんだいてん》が見えてきたね！

レポートづくり❷ テーマについて調べる

それぞれのテーマについて、本やインターネットなどで調《しら》べましょう。このときに、どんな本やウェブページを参考《さんこう》にしたか、メモをしておきます。

本やネット、それぞれこんな特《とく》ちょうがあるよ
PC

本で調《しら》べる

タイトルや目次《もくじ》で、どんな内ようの本かわかるので、知りたいことがのっている本を選《えら》びます。何さつかの本で調《しら》べて、正しいじょうほうをたしかめましょう。

ネットで調《しら》べる

知りたいことを、その場ですぐに調《しら》べることができます。ただし、まちがったじょうほうがのっていることもあるので、かくにんが必《ひつ》要《よう》です。

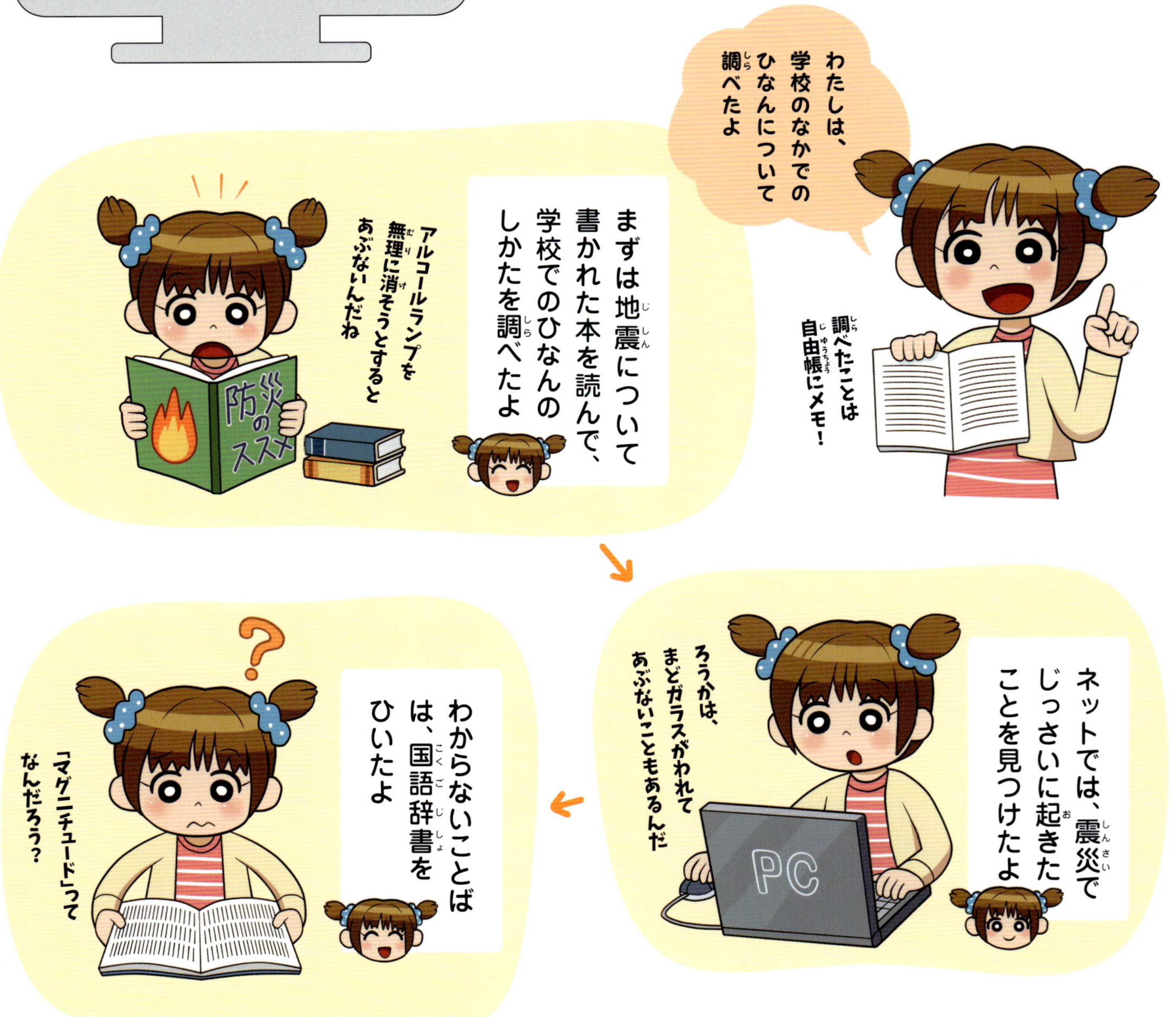

わたしは、学校のなかでのひなんについて調《しら》べたよ
調《しら》べたことは自由帳《じゆうちょう》にメモ！
まずは地震《じしん》について書かれた本を読んで、学校でのひなんのしかたを調《しら》べたよ
アルコールランプを無理《むり》に消《け》そうとするとあぶないんだね
防災のススメ
ネットでは、震災《しんさい》でじっさいに起《お》きたことを見つけたよ
ろうかは、まどガラスがわれてあぶないこともあるんだ
PC
わからないことばは、国語辞書《こくごじしょ》をひいたよ
「マグニチュード」ってなんだろう？

レポートづくり③ 「はじめ・中・おわり」にまとめる

調《しら》べたことをもとに、レポートの内ようを「はじめ・中・おわり」にまとめましょう。

レポートを書くときには、次《つぎ》のようにまとめ直してみよう！
わかりやすいタイトルをつけるのも大切だよ

タイトル	はじめ	中	おわり
●テーマと自分の考えを表《あらわ》すタイトル	●問題点《もんだいてん》を取《と》り上げた理由《りゆう》 ●どのように調《しら》べたか	●調《しら》べてわかったこと ●調《しら》べたことを通じて考えたこと	●まとめ ●参考《さんこう》にした本やウェブページなどのしょうかい

↓

タイトル	はじめ	中	おわり
●学校のいろいろな場所《ばしょ》でのひなんのしかた	●教室《きょうしつ》以外《いがい》の学校のなかで、地震《じしん》が起《お》きたら、どうすればいいのだろうと思ったことがきっかけ ●本やインターネットで調《しら》べた	●理科室、音楽室、体育館《たいいくかん》ではそれぞれどうすればいいかの具体的《ぐたいてき》な例《れい》 ●意外《いがい》とあぶない場所《ばしょ》もある	●ふだんから、ひなんのシミュレーションをしたり、ひなん場所《ばしょ》をたしかめたりする ●調《しら》べた本、ウェブページ

ひなん訓練《くんれん》ではやっていない、理科室や音楽室でのひなんのしかたをみんなに知らせたいな

レポートづくり④

文章《ぶんしょう》にまとめる

「はじめ・中・おわり」のまとめをもとに、文章《ぶんしょう》を書きます。

レポートのおわりには、出典《しゅってん》（参《さん》考《こう》にした資《し》料《りょう》についてのくわしいじょうほう）を書きましょう。出典《しゅってん》を書くことで、読み手はレポートに書いた内ようを信《しん》らいして、読むことができます。

出典《しゅってん》として書くこと

本の場合
題名《だいめい》、作者《さくしゃ》、出版社《しゅっぱんしゃ》、発行年《はっこうねん》

ウェブページの場合
サイト名、URL、サイトを見た日

レポートには「まず」「次《つぎ》に」みたいな、つなぎのことばを使《つか》って、順番《じゅんばん》にまとめたよ

山内《やまうち》さんのレポート

はじめ　中　おわり

学校のいろいろな場所《ばしょ》でのひなんのしかた

学校には教室だけでなく、音楽室、理科室、体育館《たいいくかん》など、さまざまな場所《ばしょ》があります。今日、学校でひなん訓練《くんれん》をしたときは、教室からひなんをしました。もし、教室以外《きょうしついがい》の場所《ばしょ》で地震《じしん》にあったらどうしたらいいのだろうと思ったので、学校内のいろいろな場所《ばしょ》でのひなんのしかたについて調《しら》べました。

まずは、音楽室です。音楽室ではつくえを使《つか》いません。そのため、地震《じしん》が起《お》きたら、いすの下に頭を入れてもぐります。もっきんやピアノには、車輪《しゃりん》がついていて動《うご》くこともあるので、気をつけましょう。

…

最後《さいご》に、体育館《たいいくかん》です。地震《じしん》が起《お》きたときには、体育館《たいいくかん》のまんなかに集《あつ》まってしゃがむのが一番いいのだそうです。体育館《たいいくかん》は、災害《さいがい》が起《お》きたときのひなん場所《ばしょ》にもなるほど、がんじょうな建物《たてもの》なので、ほかの場所《ばしょ》にくらべて安全《あんぜん》です。近くにとび箱《ばこ》などの道具《どうぐ》があるときは、たおれることもあるので、はなれましょう。

地震《じしん》はいつどこで起《お》こるかわかりません。どんなときも、「ここで地震《じしん》が起《お》きたら、どうやってひなんしたらいいんだろう」と考えておくことが大切だと感《かん》じました。

参考：「防災《ぼうさい》の本」　〇〇〇〇・作　〇×書店　二〇一四年
「防災《ぼうさい》マスター」ホームページ
https://www.xxxxxxxx.jp（二〇一七年十一月十二日）

大木君《おおきくん》のレポート

ゲリラ豪雨《ごうう》について

最近《さいきん》、ニュースでは「ゲリラ豪雨《ごうう》」ということばをよく聞きます。地震《じしん》や火事《かじ》もとてもこわいですが、ゲリラ豪雨《ごうう》になると、どんなことが起《お》きて、どうやってにげればいいのでしょうか。ぎもんに思ったので、調《しら》べることにしました。

ゲリラ豪雨《ごうう》とは、都市《とし》やその近くで、短《みじか》い時間のうちに強い雨がふることです。ゲリラとは、不意《ふい》におそったりする戦《たたか》い方のことで、とつぜん雨がふり出す様子《ようす》からたとえられるようになったそうです。

…

こうした、災害《さいがい》の起《お》こりやすい地いきは、「ハザードマップ」という、災害《さいがい》の被害《ひがい》のある場所《ばしょ》を予想《よそう》して表《あらわ》した地図でたしかめることができます。みなさんも住《す》んでいる地いきについてぜひ調《しら》べてみてください。

▲あかね小のまわりのハザードマップ

市役所《しやくしょ》で見つけたハザードマップをレポートにのせて、どんなものかわかるようにしたよ

宮田君《みやたくん》のレポート

町のなかで地震《じしん》が起《お》きたときは

学校以外《がっこういがい》の場所《ばしょ》でも地震《じしん》が起《お》きることがある。町のなかで起《お》きたときに、どのようにひなんすればいいか調《しら》べた。

①通学路《つうがくろ》で地震《じしん》が起《お》きたとき

登校《とうこう》や下校をしているときに、地震《じしん》が起《お》きたら、家と学校、どちらが近いかをまず考えて、近いほうにいく。近くても、電線が切れていたり、きけんなものがある場合は、近よらないようにする。

…

ぼくは、「だ・である」の文章《ぶんしょう》にして、内ようごとに番号《ばんごう》をつけてまとめたよ

どんなことばを使《つか》うか、どうやってまとめるか、それぞれに工夫《くふう》しているね

友だちと読み合う

レポートができあがったら、グループをつくり、友だちのレポートと交かんして、読み合ってみましょう。

友だちは、ひなん訓練《くんれん》を通して、どんなテーマを発見《はっけん》しているかな？

図が入っていてわかりやすい！
まちの中での防災

「だ・である」の文章《ぶんしょう》もわかりやすいね
わたしは下校中に地震《じしん》にあったとき、近くの公園にひなんしていたよ
まちの中での防

つぎに、グループのなかでディスカッションをして、レポートへの感想《かんそう》や意見《いけん》を出し合ってみましょう。

よかったところ、自分のレポートでも取《と》り入れてみたいところ、友だちへのアドバイスなどを伝《つた》えます。

友だちのレポートを読んで気がついたことや、ディスカッションで聞いたことで「なるほど」と思ったことはありましたか？

いいなと思ったアイデアや意《い》見《けん》を取《と》り入れて、自分のレポートを直してみましょう。

わたしも写真《しゃしん》を入れてわかりやすくしてみよう！

参考資料《さんこうしりょう》を見たり読んだりして、もっと深《ふか》めてもいいね！

やってみよう！

役所《やくしょ》で調《しら》べてみよう！

自分の住《す》んでいる市区町村《しくちょうそん》の防災《ぼうさい》について、くわしく知りたいときには、市役所《しやくしょ》や区役所《くやくしょ》にいってみましょう。

地いきのじょうほうがのっている「市報《しほう》」や「区報《くほう》」などの冊子《さっし》があり、さがしているじょうほうが見つかるかもしれません。冊子《さっし》は、無料《むりょう》で持《も》って帰れるものもあります。

ハザードマップがのってる！
すみません。市内のひなん所《じょ》がわかる資料《しりょう》はありますか？
受付
あかね市報 4月

また、もっとくわしく知りたいことや、教えてほしいことがあるときには、職員《しょくいん》さんにたずねてみてもよいでしょう。

職員《しょくいん》さんには、ていねいなことばで、何を知りたいのかわかるように聞こうね

ディスカッションシート

月　日 名前

議題《ぎだい》：

自分の意見《いけん》

みんなの意見《いけん》

みんなの意見《いけん》を聞いて考えたこと

※見開《みひら》きの左右両方《さゆうりょうほう》のページに同《おな》じことばが出《で》てくる場合《ばあい》は、右《みぎ》のページ数《すう》を記載《きさい》しています。

「話《はな》す・聞《き》く・書《か》く」でアクティブラーニング! 全巻《ぜんかん》さくいん

あ
アンケート …… 3巻 24
インターネット …… 2巻 40
3巻 29、50
インタビュアー …… 2巻 18
3巻 52
インタビュー …… 2巻 16、18、20、22
3巻 6、35、50、52、54、57
インタビューシート …… 2巻 17、18、20
3巻 52
ウェブページ …… 2巻 40、42
演説《えんぜつ》 …… 3巻 32、36、45
演説《えんぜつ》スピーチ …… 3巻 32、34
応《おう》えん演説《えんぜつ》 …… 3巻 35

か
仮説《かせつ》 …… 3巻 15、16
カメラ係《がかり》 …… 2巻 18
3巻 52
かんさつ …… 1巻 10、12
かんさつカード …… 1巻 10、12
かんそう・感想《かんそう》 …… 1巻 13、15、16、19、25、31
2巻 8、12、44
3巻 9、19、25
聞《き》き手《て》 …… 2巻 6、9、23、30、33、36
3巻 6、8、32、42、56
議題《ぎだい》 …… 2巻 10、12、14、24、29
議題《ぎだい》ポスト …… 2巻 10
記録係《きろくがかり》 …… 2巻 11、18、29
3巻 11、43、52
グループディスカッション …… 3巻 49
結論《けつろん》 …… 2巻 11、28
3巻 11、13、54
原《げん》こう・原稿《げんこう》 …… 1巻 16、19、29
2巻 8、17、21、22、31、32、35
3巻 8、16、23、34、45、54、56、60
原《げん》こう用紙《ようし》・原稿用紙《げんこうようし》 …… 2巻 33
3巻 8

さ
作文《さくぶん》 …… 1巻 14、19
サンドイッチ方式《ほうしき》 …… 3巻 29
司会《しかい》 …… 2巻 11、13、15、29
3巻 11、12、27、28、30、39、43、44、46
時間管理係《じかんかんりがかり》 …… 2巻 11
3巻 43
じこしょうかい・自己紹介《じこしょうかい》 …… 1巻 6、8
2巻 6、8、34
3巻 6、9、53
自己PR《じこピーアール》 …… 3巻 9
しつもん・質問《しつもん》 …… 1巻 18、25、30
2巻 9、18、23、25、28、34、36
3巻 6、9、19、25、27、29、30、45、47、48、52、56、61
出典《しゅってん》 …… 2巻 42
書記《しょき》 …… 2巻 11
3巻 11
資料《しりょう》 …… 2巻 16、22、37、42
3巻 20、24
審判係《しんぱんがかり》 …… 3巻 42、44、46、48
進路《しんろ》 …… 3巻 57
スピーチ …… 1巻 28、30
2巻 8、15、30、32、34、36
3巻 6、8、30、36、45、58、60
選挙《せんきょ》 …… 3巻 37

た
他己紹介《たこしょうかい》 …… 3巻 6
多数決《たすうけつ》 …… 2巻 15、29
3巻 13
ディスカッション …… 2巻 8、10、12、14、24、26、28、38、44
3巻 10、12、26、29、30、38、51
ディスカッションシート …… 2巻 14、46
3巻 12、40
ディベーター …… 3巻 42、44、46、49
ディベート …… 3巻 42、44、46、49
ディベートシート …… 3巻 46
投票《とうひょう》 …… 3巻 36

な
ナンバリング …… 3巻 34、49、61

は
「はじめ・中《なか》・おわり」・「初《はじ》め・中《なか》・終《お》わり」 ……
1巻 16、19、29
2巻 17、21、31、32、39、41、42
3巻 7、8、18、22、29、33、34、45、54、60
話《はな》し手《て》 …… 3巻 42
はっぴょう・発表《はっぴょう》 …… 1巻 14、16、18
2巻 16、18、20、22
3巻 16、20、24
発表《はっぴょう》スピーチ …… 2巻 16、20、22
話《はな》し合《あ》い …… 1巻 20、22、26
2巻 10、12、24、28、38
3巻 10、13、21、22、26、38、40、45、49、54、62
パネリスト …… 3巻 26、28、30
パネルディスカッション …… 3巻 26、28、30
ふせん …… 3巻 13
ふり返《かえ》り …… 2巻 35
3巻 9、31
ブレインストーミング …… 3巻 49
フロア …… 3巻 27、30
弁論《べんろん》 …… 3巻 48
方眼紙《ほうがんし》 …… 3巻 41
報告《ほうこく》 …… 3巻 20、22、54、58
報告《ほうこく》スピーチ …… 3巻 50、55、56
本《ほん》 …… 2巻 37、40、42
3巻 29、50

ま
間《ま》 …… 3巻 35
マップ …… 2巻 30、32
3巻 11

や
役所《やくしょ》 …… 2巻 45
読《よ》み手《て》 …… 2巻 42

ら
ラベリング …… 3巻 34、49
リスト …… 2巻 6、8、20、31
3巻 11、33
立論《りつろん》 …… 3巻 42、45、46、48
レポート …… 2巻 38、40、42、44
3巻 14、18

監修

水戸部修治（みとべ　しゅうじ）

文部科学省初等中等教育局教育課程課教科調査官、国立教育政策研究所教育課程研究センター総括研究官・教育課程調査官・学力調査官。小学校教諭、県教育庁指導主事、山形大学地域教育文化学部准教授等を経て、現職。『小学校国語科 言語活動パーフェクトガイド 1・2年』などの著書がある。

絵	永井啓太
装丁・本文デザイン	黒羽拓明、坂本 彩（参画社）
編集	株式会社 童夢

「話す・聞く・書く」でアクティブラーニング！

3・4年生　書き出してまとめる、スピーチ

発行　2017年　4月　1日　初版

監修	水戸部修治
発行者	岡本光晴
発行所	株式会社あかね書房 〒101-0065 東京都千代田区西神田3-2-1 電話　03-3263-0641（営業） 　　　03-3263-0644（編集） http://www.akaneshobo.co.jp
印刷所	吉原印刷株式会社
製本所	株式会社難波製本

ISBN 978-4-251-08244-2

NDC809

監修　水戸部修治（みとべしゅうじ）

「話す・聞く・書く」でアクティブラーニング！

3・4年生　書き出してまとめる、スピーチ

あかね書房　2017　48P　31cm×22cm

「話す・聞く・書く」でアクティブラーニング！

水戸部修治 監修

1・2年生

「自分のことばで、じこしょうかい」

「自分のことばはどんな色？」人に気持ちを伝えるときのまとめ方、書きだし方、注意点などを絵本のように見やすくまとめた1冊。

3・4年生

「書き出してまとめる、スピーチ」

「すぐにいい意見が思いつかない…」そんなときもだいじょうぶ。スピーチの準備やディスカッションの例をわかりやすく示す1冊。

5・6年生

「もっと深めよう、ディスカッション」

「演説や投票って本当の選挙みたい」話し合いの基礎から深め方、いま受ける授業の学びが将来どう役立つかのコラムも付いた1冊。